SAMARA RODRÍGUEZ

Más allá de mis cartas

Título original: Más allá de mis cartas.
©Samara Rodríguez, octubre 2023.
Ilustración de cubierta: Samara Rodríguez.
Ilustraciones interiores: Samara Rodríguez.
Diseño de portada: Samara Rodríguez, Marien F. Sabariego (ADYMA Design).
Maquetación interior: Marien F. Sabariego (ADYMA Design).
Corrección de textos: Rosario Naranjo (Calista Sweet).

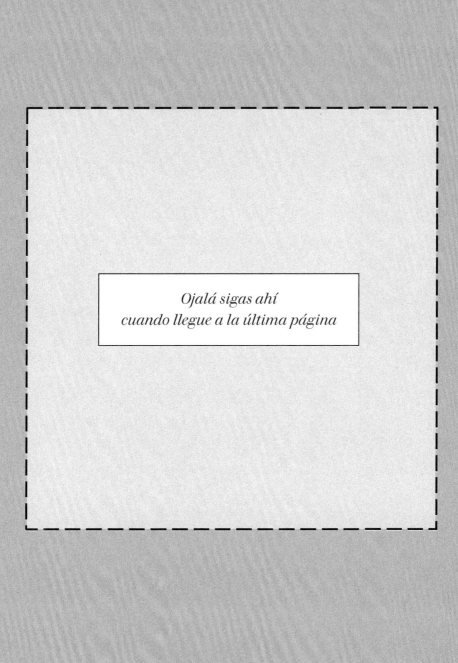

*Ojalá sigas ahí
cuando llegue a la última página*

Índice

Acierto

No te equivocaste al irte,
pues a su lado jamás ibas a ser libre.
Te equivocaste al pensar que podía cambiar,
pero estaba claro que eso no iba a pasar
y que, por mucho que lo intentases,
lo vuestro no iba a funcionar.

Ala rasi

Te odié, claro que te odié.

Te odié tanto que comprendí

que habría sido capaz de morir por ti

y que, sin embargo, tú

no habrías movido ni tan siquiera un dedo por mí.

* Persona que haría cualquier cosa por ti.

Al final mueren los dos

Preferiría no haberlo hecho,

pero como reza el dicho,

«la curiosidad mató al gato»

y no me pude resistir a leer la última página de nuestra historia.

Preferiría no haber sabido cómo termina,

pues al final mueren los dos:

él por cobarde

y ella por sentir de más.

Amiquesis

Ya no puedes verlas,

ya no puedes sentirlas,

pero aún puedes recordarlas;

todas aquellas marcas

que dejaban mis uñas largas

subiendo por tu espalda

y aquel subidón

que hacía latir desmesuradamente nuestros corazones.

* Sensación de placer producida al arañar a la pareja.

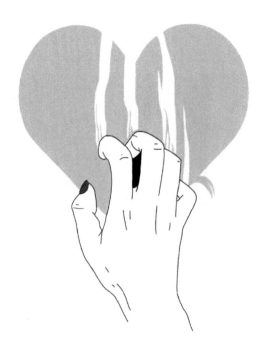

Analfabetismo

Ella era algo fuera de lo común,
tan bonita que las estrellas la pedían primero,
tan frágil como una bomba a punto de estallar,
tan misteriosa como la luna;
ella era poesía.

Ella era todo lo que podías desear,
el problema era que él no sabía leer.

Antes de ti

Y sé que volveré a ser feliz,

porque ya lo fui, antes de ti.

Llegará el día en el que no vuelva a necesitar
tu mensaje antes de dormir,

ni tus caricias para calmar lo que me hace sufrir.

Llegará el día en el que sea «*después de ti*»

y me sienta incluso mejor que como lo hacía
antes del día en que te conocí,

pues por mucho que te quiera, más me quiero a mí.

Antiquifobia

Es inexplicable el miedo que sentí
cuando lo volvimos a intentar porque...

¿Y si era verdad lo que la gente decía e íbamos a fracasar?

¿Y si era verdad que las cosas no iban a cambiar
y que volveríamos a acabar mal?

Pero también eran inexplicables las ganas que tenía
de demostrar que sí podía funcionar,

que lo que tú y yo teníamos era real, y que no iba a terminar,

por lo menos no así, no sin luchar hasta el final.

Y menos mal que no nos dejamos llevar

porque entonces no sé quién sería
el que me diese la mano al pasear,

de quiénes serían los labios que beso al despertar,

quién me acompañaría a cenar

y, sobre todo, quién, a pesar de lo que pueda pasar,

se quedaría a mi lado sin tenérselo que pensar.

Por eso, la única verdad es que solo tenía que escuchar;

escucharme a mí, a mi corazón, a nadie más,

pues así jamás me habría podido llegar a equivocar.

* Miedo a fracasar.

Apaixonar

Te miraba y me preguntaba
qué es lo que me pasaba.
Por qué deseaba tenerte cerca a cada instante,
por qué contigo sentía una conexión tan impresionante
y por qué en tan poco tiempo te habías vuelto tan importante.
Y es que todavía no tenía claro qué eras ni qué serías para mí,
solamente sabía que
te quería conmigo,
toda la vida.

* Sentimiento que transcurre entre el «*me gustas*» y el «*te amo*».

A pesar de todo

«Pensé que era el amor de mi vida».

Esa es la respuesta que daré cada vez que me pregunten:

«¿Por qué lo intentaste tanto con él?».

Apócrifo

Cada noche sigo preguntándome si sentías todo lo que decías
o si tan solo eran palabras vacías.

* Algo que es falso o fingido.

Apodyopsis

Me desnudaste de una manera
como jamás lo había hecho nadie.

Me desnudaste de la manera más bonita que existe.

Lo conseguiste porque, en vez de intentar arrancarme la ropa,

me arrancaste las palabras,

las que llevaban tanto tiempo atragantadas,

las que me negaba a que en algún momento fuesen escuchadas,

pues siempre había estado obcecada
en que si no salían, no existían,

pero sí lo hacían, y dolían.

Sin embargo, a tu lado

todo hería un poquito menos

y todo sanaba un poquito más.

Por eso, tu manera de desnudarme siempre fue la más especial.

* Acto de desnudar a alguien mentalmente.

Aquiver

Me rompe pensar

en cómo trataba de quedarme

donde ya no debía estar,

en el lugar de donde me tenía que marchar;

pero no sabía cómo despedir

lo que por tanto tiempo había sido parte de mí.

Me tomó mucho tiempo aceptarlo;

tuve que llorarlo, días y noches,

suplicándole a quien fuese que me escuchase

volverte a ver, volverte a tener.

Pero nada que ver, todo estaba siendo como debía ser;

los temblores acabaron por desaparecer,

los días dejaron de doler

y yo volví a ser yo,

la chica a la que le encanta fotografiar el amanecer,

la chica a la que le encanta besar al anochecer,

la chica a la que jamás quiero volver a perder.

* Sentimiento que suele producirse debido a emociones fuertes;
«*tembloroso*».

Asíntota

Siempre he sido de ciencias,

lo que quiere decir que se me dan bien las matemáticas,

o eso pensaba.

Toda mi vida me resultó bastante fácil resolver problemas,

sin embargo, hay uno que aún no consigo entender:

se trata de una asíntota.

No comprendo por qué, aunque se acerca,

aunque siempre está al límite
de rozar las curvas que conforman mi silueta,

jamás lo hace.

Todo queda en eso, en «*un casi*»,

y yo jamás he comprendido los «*casi algo*»,

pues soy de sí o no,

de todo o nada,

de arriesgar o perder,

pero no, de cosas a medias, no.

* Cosa que se desea y se acerca de manera constante, pero que nunca llega a cumplirse.

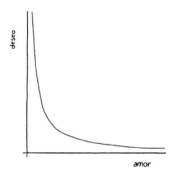

Aunque tú no lo sepas

Puede que lo niegue,

pero la verdad es que desearía volverte a ver

o, quizá, aún quiero verte volver;

pero quién sabe.

Ausente

Cómo iba a pedirle a alguien que verdaderamente nunca estuvo
que se quedase,

si la simple idea de hacerlo era señal de que esa persona
ya no estaba.

Basorexia

Qué es lo que esa boca tendría

que, con solo imaginármela, me derretía,

y de pensar que a otra que no fuese la mía besaría,

me moría.

* Necesidad repentina de besar a una persona.

Besos envenenados

Quererte fue la forma más bonita de matarme.

Boketto

¿Sabes cuando alguien te pregunta en qué estabas pensando

porque te habías quedado con la mirada perdida

y respondes, evitando:

«En nada»?

- Eras la nada más bonita que podía llegar a imaginar -

* Acto de perder la mirada en la distancia, sin pensar en nada.

Cartas de (des)amor

Odio que tu nombre siga resonando en cada una de mis frases

porque eso significa que me dueles,

o que te quiero,

o qué sé yo,

pero que todavía queda algo.

Cenizas

Allí donde hubo fuego
siempre quedarán cenizas,
la marca inconfundible
de un corazón que ardió
por lo que amaba.

Cobarde

Ojalá algún día

dejes esa cobardía

que tan mal nos hacía

y tengas la valentía

de contármelo absolutamente todo

mirándome a los ojos.

Cómo (no) escribiré
nuestra historia

No creíste en nosotros, y te fuiste,

derrumbando a tu paso cada uno de mis sueños.

Te marchaste como si nunca me hubieses conocido,

como si siempre hubiéramos sido tan solo dos desconocidos.

Pero escúchame cuando te digo

que nadie jamás va a luchar

como yo lo hice contigo.

Concepto

El amor...

Me preguntan qué es,

les respondo tu nombre.

No entiendo por qué siguen sin entenderlo

si tan solo son cuatro letras.

Consecuencias de decir

« te quiero »

En realidad, no te fuiste del todo,

una parte de ti se quedó conmigo,

entre recuerdos y promesas que no cumplimos;

por eso, alguna parte de mí va a extrañarte

el resto de mi vida.

Corazón coraza

No estaba en mis planes quererte tanto,

y no sé cómo lo hiciste,

pero rompiste mi caparazón

y te metiste de lleno en mi corazón.

Me mirabas con tanta pasión

que me faltaba hasta la respiración,

y ahora busco entre el mogollón

aquello que un día me hizo sentir una entre un millón.

Cwtch

Entre tus brazos era capaz de llegar a ese sitio
con el que siempre había soñado;

ese lugar en el que te sientes amado, respetado y cuidado;

ese lugar en el que te quedarías por siempre, sin lugar a duda;

un lugar seguro, un hogar.

* Dar un abrazo, aunque su significado es mucho más profundo:
un lugar seguro entregado por un ser amado.

Decomess

Qué rabia me da que ya no estés
porque te extraño tanto en las noches
cuando recuerdo que no volveremos a desvestirnos
ni a sentirnos como lo hacíamos antes;
pero sobre todo por las tardes
cuando paso por aquellos parques
en los que nos quedábamos juntos hasta tan tarde,
cuando tengo algo nuevo que contarte
pero recuerdo que ya no estás ahí para escucharme
y entonces, deja de importarme.

Qué rabia me da
sentirme tan perdida desde tu partida
y no ser capaz de disfrutar mi vida
tanto como debería
simplemente porque ya no estás al lado mío.

* Frustración por no estar disfrutando una experiencia tanto como se debería.

Déjame contarte

Déjame contarte
lo difícil que se me hizo el proceso de olvidarte.

Déjame contarte
cuántas veces tuve que recordarme que
ya no podía volver a buscarte
y que tú tampoco lo harías.

Déjame contarte
las veces que deseé escribirte,
pero no lo hice
porque sabía que ya no ibas a estar ahí para escucharme.

Déjame contarte que,
aunque ya no te espero,
aún tengo la esperanza de volver a encontrarte,
ya sea en la mirada de alguien,
entre las páginas de mi libro favorito
o, tal vez, con suerte,
recibiendo un nuevo mensaje de tu parte.

Dejar de correr por quien no trata de andar contigo

Corre, siempre lo hiciste.
Huye y vete dando otro portazo
sin mirar si aún hay alguien intentando sujetarte el brazo.
Hazlo, porque eres cobarde,
porque siempre valoras lo que tienes demasiado tarde,
porque nunca te importa lo que tienes delante,
lo que tratan de demostrarte.

Me duele tu huida, sí,
pero ahora soy yo quien te la ruego
porque me duelen aún más tus idas y venidas,
que dependa del día que quieras o no tenerme en tu vida.

Dejarlo ir

Joder, qué difícil es soltarte

después de haber hecho de todo

por poder quedarme,

pero me duelen tanto las manos

de tratar de sujetar lo que es obvio que no se puede

que al final voy a terminar por abrir el puño y dejarte ir.

Depende de ti

Depende de ti que sigamos muriéndonos de frío en verano

o que no volvamos a quemarnos en invierno.

Depende de ti que esto se acabe aquí

o que, por el contrario, sea el inicio
de una nueva historia por escribir.

Dependencia

Dependía de un hilo,

uno demasiado fino;

pero te conocí

y conseguiste sacarme de allí.

Entonces todo parecía diferente,

algo parecía marchar mejor;

pero no era así, caí.

Ahora ya no dependía de un hilo,

pero sí lo hacía de ti.

Mis días pasaron a pertenecerte,

de ti dependía todo,

de ti dependía yo;

como si en tu ausencia yo no fuera capaz de sobrevivir,

como si tú fueses el oxígeno que me permitía vivir.

Pero no era así; te convertí en una droga
de la que era incapaz de salir,

y es cierto que me costó mucho desintoxicarme de ti,

pero ahora me siento orgullosa de poder decir

que tan solo dependo de mí,

aunque eso signifique que tuve que dejarte ir.

(Des)conocidos

¡Es tan triste ver cómo pasados los años
volvemos a ser dos extraños!

Sin embargo, ahora tenemos recuerdos en común,

y no sé tú, pero yo los tengo guardados

en el fondo de aquel cajón,

el de las cosas *«perdidas»*,

el que me niego a abrir,

aunque me sé de memoria cada rincón;

ese cajón del que a veces me gustaría poder sacarte,

para volver a abrazarte,

para escuchar de nuevo uno de tus *«te quiero»*,

para no volver a echarte de menos.

(Des)control

A veces me controlo
para no darte los besos que tengo atragantados
de cada ocasión en la que te he echado de menos,
por si se gastan;
para no pronunciar las dichosas palabras que constantemente
luchan contra mí para poder salir,
por si se desgastan.

Pero hoy no,
hoy prefiero descontrolarme,
darte todos aquellos besos que algún día fueron para ti
y decirte sin miedo a que se desgaste que te quiero.

(Des)hechos

Éramos conscientes,

ambos sabíamos que realmente no estábamos hechos
el uno para el otro,

que éramos como el agua y el aceite,

como polos opuestos.

Y ese era el problema, que nos atraíamos como imanes.

Pero también éramos conscientes

de que estaríamos deshechos el uno sin el otro,

por eso decidimos ser dos desastres

tratando de convertirnos en un milagro.

Desmedro precoz

Esa habitación
en la que vivimos tantas noches de pasión
finalmente quedó a oscuras
y aquellas dos almas desnudas
pasaron a ser tan solo sombras de una relación inmadura.

Distintos destinos

Qué bonito te quedaba cuando lentamente te acercabas,

ya de madrugada, y al oído me susurrabas que

por favor, todavía no me marchara.

Pero, aunque estaba tan aferrada a la idea
de mantenernos unidos,

quizá también es bonito ver que finalmente
cada uno ha seguido su propio camino.

Dor

Mentiría si dijese que no te echo de menos,

pero dicen que los niños no mienten

y yo era la tuya.

* Echar de menos a alguien que amas existiendo una distancia entre ambos.

Dueles

Te quiero,

pero te quiero lejos,

porque cerca me dueles todavía más.

Efímero

Aquella estrella fugaz no debió de comprender bien el deseo,

pues la efímera debería haber sido ella,

no nosotros.

* Aquello que dura por un período corto de tiempo.

El derecho a quererse

Me está enseñando a quererle
como a mí nadie supo quererme.

El secreto de la vida

Deberíamos disfrutar mucho más de los pequeños detalles,

decirles a las personas que queremos que lo hacemos
y dejar de darlo por hecho,

aclarar todas las dudas antes de que ellas nos nublen la mente,

jugárnosla por todo aquello que nos hace sentir vivos,

pedirle que se quede a quien no queremos ver marchar,

darle la oportunidad a quien nos cuida y nos pone a doscientos,

hacer el amor hasta fundirnos con el otro,

robarle un beso a esa persona en la que todos pensamos
al leer esto.

En fin..., deberíamos empezar a vivir.

Emergencia

La herida cada día se iba agrandando,

pero no sangraba.

No quería ver que eras tú el que poco a poco me mataba,

por eso la tapaba

e intentaba disimular que tus palabras se clavaban,

que tus actos hurgaban en ella sin ningún tipo de conciencia.

Y no sé quién de los dos fue más inconsciente,

si yo, por no huir antes de que acabases conmigo,

o tú, por herir a alguien que estaba dándolo todo
por quedarse contigo,

tratando de entenderte, aunque eso conllevara
verme más cerca de la muerte,

tratando de curar lo que algún día alguien hizo contigo,

así como ahora tú estabas haciendo conmigo.

En todos los tiempos, nosotros

Te quise, te quiero, te querré;

fuimos, somos, seremos;

ayer, hoy y siempre;

tú, yo, NOSOTROS.

58

Espinas

Me enamoré de la rosa,

era la flor más hermosa,

aunque también la más dolorosa.

Pero a pesar de que sus espinas hiriesen
y provocasen en mí tormento,

era tan dulce ese sufrimiento

que valía la pena hasta el último lamento.

Filofobia

Miedo, eso es lo que sentí

el día que te conocí

porque sabía que,

aunque comenzase la huida,

yo ya estaba perdida.

Estaba convencida de que

aquella mirada pilla me enamoraría

y entonces, nunca más la salida encontraría.

* Miedo a enamorarse o a conectar emocionalmente con otra persona.

Forelsket

Me enamoré de cada centímetro de tu piel,

de esos labios que cualquiera habría confundido con miel.

Me enamoré de tu mirada

que es de esas que te dejan atrapada.

Me enamoré de tu voz,

pues nunca antes escuchar mi nombre había sonado
tan estremecedor.

Me enamoré de ti porque fuiste quien consiguió que,
finalmente, también me enamorase de mí.

* La euforia de enamorarse.

Fría

Muy fría,

muy suya,

pero si logras ganártela,

te quemarás.

Fue bonito mientras no dolió

Sabías cuánto me estaba doliendo,

aun así, traté de quedarme
hasta que no me quedase más aliento.

Al final fuiste tú el que decidiste
que ese debía ser mi último intento.

Me deseaste lo mejor, dijiste que no merecía seguir sufriendo,

y al final acabé comprendiendo que quizá tenías razón

y que yo ya no podía seguir manteniendo
aquello que me estaba destruyendo.

Sin embargo, mi corazón seguirá siendo tuyo
mientras siga latiendo.

Galimatías

Estábamos llenos de dudas,

pero la diferencia entre tú y yo es que

yo me las quité contigo

y tú, sin mí.

* Confusión o desorden.

Gracias

Te doy las gracias.

Gracias por haberme dejado ser,

por haberme enseñado a querer.

Gracias por hacerme entender

que hay personas que llegan a tu vida para aprender

y que, cuando cumplen su propósito, vuelven a desaparecer.

Gritos silenciosos

Si supieras cuántas veces te pedí en silencio
que no te marcharas

por temor a hacerlo en voz alta...

- Eras todo lo que me hacía falta -

Hasta aquí

Mi ego me está impidiendo
que te pida otro intento,
pues fueron tantas las veces que se perdió por ti
que al final fui yo la que me terminé perdiendo,
y eso ya no.

Hasta que nos salga bien

Lo sé, sé que hace ya tiempo que no somos,

y seguramente no seremos de nuevo,

que estamos haciendo como si nos conociéramos.

Sé que los dos estamos luchando por olvidarnos,

y quizá sirva fingir, no lo sé.

Lo que sí sé es que en algún momento fui muy feliz a tu lado,

y me cuesta olvidarlo;

me cuesta aparentar que no lo echo de menos,

que no te echo de menos.

Trato de estar bien, pero no lo consigo

y tengo mucho miedo porque tan solo me calman tus caricias;

caricias que son paz cuando llegan

y desasosiego cuando las espero.

Por eso, con el tiempo te has convertido en cura

y a su vez en la enfermedad más letal.

También sé que tuvimos días desesperantes

y estoy segura de que en muchos de ellos

alguno de los dos estuvo a punto de marcharse,

y tal vez algún día lo nuestro tenga que terminarse,

no voy a decir que no,

pero no ahora, no de esta manera.

Porque de lo que también estoy segura es de que,

si no me dejo la piel hoy por estar contigo,

seguramente me arrepienta el resto de mi vida

porque, aunque no me sé las reglas del juego, las intuyo,

y o nos ganamos hoy o nos perdemos para siempre.

He vuelto a pensar en ti

Últimamente no consigo sacarte de mi mente,

tengo tu recuerdo demasiado presente.

Y es que, aunque sé que hace ya tiempo que me alejé de ti

y que ha habido días en los que he vuelto a sonreír,

inexplicablemente sigo esperando
a que una noche llames y digas:

*«Te quiero, no soporto la idea
de no estar contigo el resto de mi vida».*

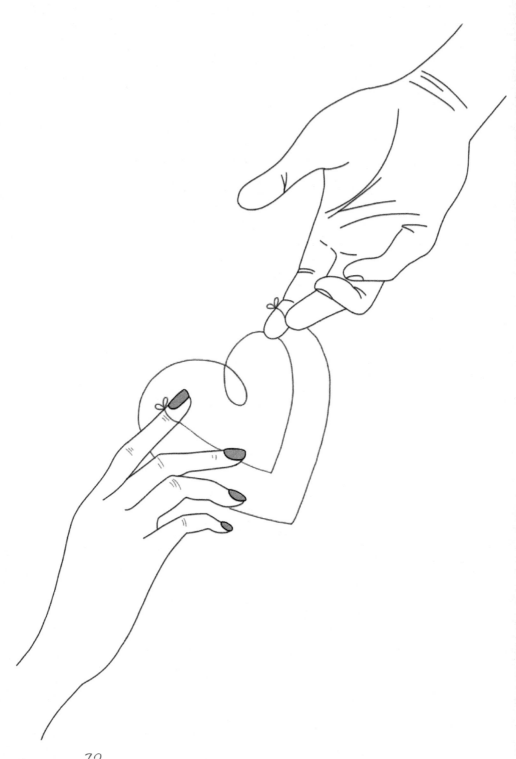

72

Hilo rojo

No creía en el destino

hasta el día que te cruzaste en mi camino.

Desde entonces solo pido

que nuestro hilo rojo se mantenga unido

y que algún día pueda susurrarte al oído:

«*¿Ves? Sí era conmigo*».

Hora espejo

Estaba tan convencida de que no,
pero tantas veces me besé las muñecas deseando que sí...

- 10:10 -

Hoy no quiero ser fuerte

Dijiste que sería lo mejor,

pero mírame bien y dime:

¿lo mejor para quién?

¿Lo mejor para mi ansiedad
que desde que te fuiste se ha vuelto incondicional?

¿Lo mejor para las noches frías
porque ya no duermes al lado mío?

¿Lo mejor para todas esas promesas
que un día pusimos sobre la mesa?

Dime: ¿lo mejor para quién?

Porque, aunque no lo creas, lo estoy intentando,

pero no soy capaz de entender

cómo de un día para otro decidiste desaparecer

para ya no volver.

No te guardo rencor,

pero ojalá algún día puedas comprender todo este dolor

y te des cuenta de que te fue mucho más fácil huir

que quedarte a intentar reparar lo que tanto nos costó construir.

Pero juro que pronto dejaré de sufrir,

y tú te vas a arrepentir.

Huir de mi contigo

Quédate con quien estuvo a tu lado
cuando no podía estar ni al suyo,

pero, de todas formas, lo hizo.

Indeleble

Es irónico,

siempre hablamos de lo que duele recordar una primera vez,

y sí, porque son recuerdos de esos que no se olvidan.

Pero ¿por qué nadie habla de las últimas?

Para ellas nadie nos prepara

y esos son los momentos que realmente matan.

* Aquello que no puede ser borrado ni olvidado.

Inmarcesible

Lo siento,

lo siento mucho, de verdad,

por no dejarte marchar,

por no dejarte de buscar,

pero es que no puedo dejar lo nuestro marchitar.

- Solamente te ruego que lo intentemos una vez más.

* Algo que no puede marchitarse.

Insoportable

Detesto esa manía tan fea que tiene
de querer llevar la razón cuando sabe que no la tiene.

Detesto que se quede dormido
después de haber tardado años eligiendo qué vamos a ver.

Detesto que siempre me deje a mí la responsabilidad
de decidir a dónde vamos a ir.

Detesto que a veces no sepa ver cuánto lo puedo llegar a querer.

Lo detesto,

porque sé que, a pesar de todo, lo necesito,

a él y a su insoportable manera de ser.

In yaakumech

Te amo,

dos palabras y siete letras.

Parece fácil de decir,

pero lo difícil está en sentir.

Y tú, como de costumbre,

tenías que ir contra corriente,

haciéndome muy fácil lo de sentir

y muy difícil lo de decir,

pero aún más lo de dejarte ir.

Te llevas contigo un pedacito de mí

y yo siempre guardaré conmigo todo lo que un día sentí por ti.

Te amo.

Jouska

Me tacharías de demente si fueses consciente

de todas las veces que maquiné en mi mente

esa conversación que nos quedó pendiente;

esa llamada,

la que siempre esperé que llegara, desesperada;

esa inesperada despedida

que dejó en mí abierta una gran herida;

y ese futuro,

el que ahora maldigo porque sé que tú no estarás conmigo.

* Una conversación hipotética que surge compulsivamente una y otra vez en la cabeza.

Jugar a perder

El mayor error que pude llegar a cometer

fue tratar de encontrar al amor de mi vida

donde de lejos se veía que no había amor

y tan solo pronosticaba dolor.

Keyframe

Éramos tan solo dos críos que no íbamos a pasar de un lío,

pero la cosa se fue liando y nos terminamos enamorando.

Tristemente, el tiempo se nos fue acabando,

y aunque me duela,
sé que algún día nos terminaremos olvidando.

Será en ese momento
cuando solo quedará el recuerdo de dos niños

que se acabaron separando por no saber quererse tanto.

* Algo que parecía sencillo en un comienzo, pero que terminó marcando su vida para siempre.

La gente rota ama diferente

Te quería, incluso más que a mi vida.

Te quería como nunca antes había sido capaz de querer a nadie.

Te quería más de lo que jamás pudiste llegar a imaginar

y un poquito más,

pero tú jamás lo sabrás.

La indicada

Siempre creeré que eras la persona indicada

y que nos encontramos en el momento correcto,

pero a ti te dio miedo quedarte.

La magia de coincidir

... entonces te vi,

estabas parado, ahí, frente a mí.

Inexplicable lo que sentí.

La verdad

La verdad

es que me has perdido,

a pesar de que siempre me hayas tenido.

La verdad

es que me dejaste escapar,

porque yo nunca me hubiese marchado,

pero nunca te ha importado si estaba o no a tu lado.

La verdad

es que decías que era tuya,

pero jamás he sido de nadie.

La verdad

es que no sé si habré sido el mayor acierto de tu vida,

solo sé que tú fuiste el peor error de la mía.

Llanto

Aquella noche lloré tanto
que acabé ahogando tu recuerdo.

Límites

Este dolor no es mío,

no me pertenece,

por eso te lo devuelvo.

Este dolor es tuyo y de quien lo provocó,

yo solo traté de calmar todo lo que causaba que cargaras con él,

pero al final me lo quedé yo, y eso no puedo hacerlo

porque no es mío.

Lo acogí, comprendí su origen y traté de curarlo,

pero no hay cura para quien se niega a sanar

y yo no estoy dispuesta a contagiarme también.

Mamihlapinatapai

Por un momento mi vida se frenó en aquel lugar;

no había nada, no había nadie,

tan solo podía ver como tú me estabas mirando

y como yo estaba esperando

que me terminases besando.

Y así pasó, porque tú también lo estabas deseando.

Y es que no hacía falta más que fijarse
en aquellas miradas que, gritando,

decían lo que la boca llevaba tanto tiempo callando.

* Mirada entre dos personas cada una de las cuales espera que la otra comience una acción que ambas desean pero que ninguna se anima a iniciar.

Más de cien mil versos

Dejemos de hacernos los locos.

Ambos sabemos que

si pasado todo este tiempo te sigo escribiendo,

es para que tengas la excusa de volver

o, al menos, de recordarme.

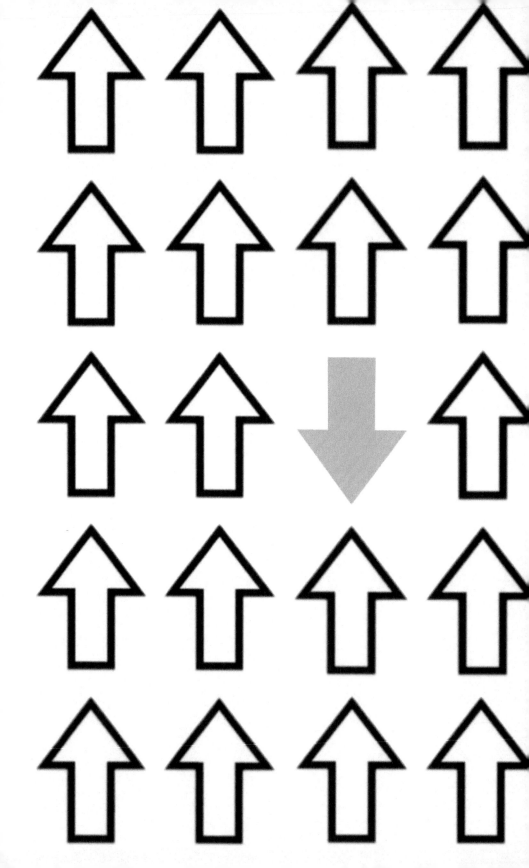

Mentiras

Podría mentirte y decir que no te busco

entre los cientos de personas que se asemejan a ti

o que seguramente no tanto,

pero que me gustaría que fueran tú.

Me voy porque te quiero

Mi último acto de amor por ti fue irme

cuando lo único que quería era quedarme ahí,

pero no podía hacerlo,
entonces me despedí del amor de mi vida,

notando en aquel «*adiós*» cómo el corazón

se me partía en un millón de pedazos,

pero supongo que es mejor así.

Así que, por favor, acuérdate de mí,

y si algún día llegas a echarme de menos,

recuerda que yo nunca me quise ir.

Mi amor, cuánto te odio

Te acuerdas de aquel «*¿nos arriesgamos o nos perdemos?*».

No me hizo falta una respuesta para saber tu elección.

Cuídate.

Miradas

Un día descubrí que la mirada es la única
que no puede ocultar lo que realmente sientes.
Fue en ese mismo instante cuando comprendí
por qué era que me brillaban tanto los ojos
cuando te tenía junto a mí.

Mi viaje sin ti

Mi viaje sin ti
es ese viaje en el que jamás quise pensar
pero que por cosas de la vida tuve que realizar.

Mi viaje sin ti
ha sido la mayor exploración
que nunca antes había hecho sobre mí,

el descubrimiento de que a veces la soledad es preciosa;

y, a pesar de que lo haya hecho sin ti,

no lo he hecho sola, porque me he tenido a mí.

Mi viaje sin ti
ha sido un gran aprendizaje gracias al cual ahora sé que,

a veces, lo que tanto tememos
también puede esconder cosas maravillosas.

Sin embargo, mi favorito siempre será mi viaje contigo.

Nankurunaisa

Mírate, te ves mejor que ayer,

y te prometo que todo lo que aún duele
va a terminar por desaparecer;

el dolor es temporal, vas a dejar de sentirte mal.

Y es normal, no va a ser fácil de olvidar
pero no te tienes que fustigar.

Siéntete orgullosa porque, aunque esa persona
no te haya sabido valorar,

mi amor, no la necesitas para brillar.

Quiérete un poquito más.

* Esperanza o sentimiento de que todo puede mejorar; *«con el tiempo, se arregla todo».*

Necesito que te vayas

Necesito que te vayas,

que seas tú,

que seas libre,

pero que, aun en libertad, me sigas eligiendo a mí.

Necesito que te vayas,

que no te acostumbres a mi presencia,

que no crees dependencia,

pero que, en cada momento, sientas mi ausencia.

Necesito que te vayas,

que no te quedes,

y que no vuelvas

si no vas a ser capaz de dar lo que recibes de vuelta,

si no vas a respetarme,

si no vas a cuidarme,

si no vas a amarme.

Si no es así,

entonces necesito que te vayas,

y cuando lo hagas,

por favor, cierra la puerta.

Negación

No sales de mi cabeza porque mi corazón se ha negado a ello.

No basto con querer

Mirando hacia atrás me di cuenta de que al final
simplemente fuimos dos personas dispuestas a quererse,
pero que, a pesar de tener miedo a perderse,
no supieron cuidarse lo necesario
como para no tener que despedirse.

No confío en ti

Te confié mi corazón
como si no lo fueses a descuidar,
y no lo hiciste,
directamente lo despedazaste.
Qué gran error.

No me pidas que vuelva

Me marcaste la suficiente distancia
como para hacerme entender sin usar ni una sola palabra
que era momento de irme
y que ni tan siquiera ibas a despedirme.

No me vas a encontrar

en nadie

Te prometerán la luna,

te dirán que como ellas jamás encontrarás alguna.

Pero no,

no me busques en otras,

no estaré en ninguna.

Normalización

Cada vez normalizamos más la necesidad
de «*aprender a soltar*» y de «*desapegarse*».

Pero... ¿y por qué no mejor aprendemos
a cuidar de quien queremos?

Si lo hiciéramos, no dependeríamos
de saber o no irnos luego.

Nos vamos a doler siempre

¿Es el amor el que duele
o la culpa es nuestra por no sabernos querer?

(No) te he superado

Me dueles a ratos,

cuando apareces sin motivo aparente,

otra vez, vagando por mi mente.

Y no me molesta que ya no estés,

lo que me molesta es tener ganas aún de que vuelvas;

pero supongo que es porque hay partes de mí
que solo existen estando contigo,

y las extraño.

No te olvides de todo lo que fuimos

Fuiste la etapa más bonita de mi vida,

esa que pasará a menudo por mi mente,

rememorándola continuamente;

la que me seguirá formando un nudo en la garganta
cada vez que la cuente,

esa que repetiría una y mil veces

a sabiendas de que jamás iba a ser para siempre,

pero que siempre seguirá presente.

No te quedes con la duda

Por si tienes la duda:

nunca dudé.

On / off

Apágame los miedos
y enciéndeme el alma.

Orgullo

Estamos tan cerca y a la vez tan lejos...
Y es que el orgullo aleja más que la distancia.

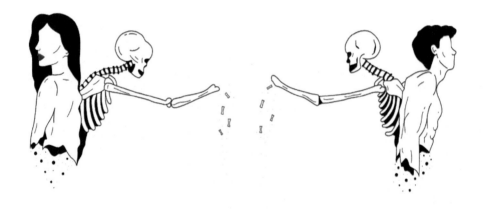

Otra vez nunca

Habría hecho todo lo posible por salvar lo nuestro,

pero creo que ya fue suficiente sufrimiento, lo siento.

Tal vez en otro momento.

Para ti que ya no estás

Tal vez perdí mi dignidad

al rogarte amor,

al buscarte después de haberme abandonado,

al mandarte ese último mensaje,

el que ni tan siquiera te dignaste a contestar.

Pero tú perdiste a alguien
a quien jamás le importó perderlo todo

con tal de no perderte a ti.

Pistantrofobia

Permítete sentir,

de eso se trata lo de vivir.

Y es que al final, todos nos vamos a terminar por ir,

y dime de qué te va a servir haberte quedado ahí

tan solo por el miedo a volver a sufrir.

* Miedo a volver a confiar en las personas debido a experiencias negativas del pasado.

Por qué no volvemos

Recuérdame por qué nos perdimos,

por qué no conseguimos cumplir
todo lo que un día prometimos,

por qué no volvemos

y por qué me da tanto pánico que al final
terminemos olvidándonos.

Tan solo recuérdamelo una vez más.

Hazlo por este trago tan amargo después de todo lo compartido,

por lo que eras tú conmigo,

por lo que pude llegar a ser en tu vida,

por lo que ahora sea,

por lo que llegué a ser,

por lo que tú quieras, pero,

por favor, recuérdamelo una última vez:

¿por qué no volvemos?

Preguntas sin respuesta

Todavía me pregunto cómo nuestro «*para siempre*»
pudo perderse en un camino tan sencillo,
y por qué el «*nunca más*» no quiso marcharse,
a pesar de que tratamos de echarlo.

Probablemente vuelva

a equivocarme

Lo siento,

por cada vez que no fui mi prioridad,

por todos esos momentos en los que fui más tuya que mía.

Que la vida me perdone

todas aquellas veces que no la viví

y que, por fin, sea yo quien aprenda a perdonarme.

Pronombres personales

Fui tan «*ti, te, contigo*»

que acabé olvidando que lo más importante
era no dejar de ser «*mí, me, conmigo*».

Pudo haber sido, pero no fue

Ya me lo dijiste:

«No tenemos futuro».

Pero se me olvidó

porque cuando te veía, me devolvías la alegría,

porque eras la primera persona
a la que acudía a contarle mi día,

porque siempre que me mirabas, ansiaba que me besaras,

porque estaba convencida de que eras el amor de mi vida

y que jamás me fallarías.

Pero no te escuché,

y tenías razón

porque cuando más te necesitaba,

nunca estabas.

Querer(me)

Quería pasar el resto de mis días contigo,

lo que no sabía era que, primero,

debía querer pasar toda una vida conmigo.

Querida yo:
Tenemos que hablar

Tuvimos que hacerlo, perdón.

Era lo mejor, alejarnos de ese lugar

en el que reíamos a veces

y terminábamos lastimándonos siempre,

era nuestra única forma de salvarnos;

pero estaremos bien, lo prometo.

Empezaremos de nuevo, con nosotras,

sin prisas,

con más amor,

sin depender de nadie,

valorando más nuestra propia compañía

y creyendo en lo que somos capaces de ser.

No dejaré que vuelvan a dañarte.

Quiérete

Quiérete tanto como para comprender
que no debes tratar de convencer a nadie para que se quede.

Quiérete tanto como para no romperte
una y otra vez por alguien que no sabe quererte.

Quiérete tanto como para saber
silenciar el corazón y encender la mente

cuando no te ofrecen lo que mereces.

Quiérete tanto como para saber irte
cuando quedarte te está haciendo daño.

Quiérete tanto que tan solo te quedes
allá donde hayan sabido valorarte al encontrarte,

y no al perderte.

Seamos nada

No quiero que seamos «*todo*»,

mejor seamos «*nada*»;

porque todo acaba terminando,

pero la nada no, es eterna;

por eso, mejor seamos nada.

Seguiré

Seguiré peleando por todo aquello
que provoca un brillo especial en mi mirada.

Seguiré luchando por él si aún le quiero.

Seguiré intentándolo si sigo creyendo en lo nuestro,

si escuchar su voz, o su nombre, aún sigue erizándome la piel.

Seguiré haciéndolo mientras tenga una mínima esperanza
de que saldrá bien,

porque no hay nada más bonito que luchar

por quien algún día fue el culpable de nuestras mejores sonrisas.

Sé lo que es

Tan solo te permitiré que me hables de dolor

el día que sepas lo que es marcharse de donde no quieres irte

con los sentimientos intactos.

Se me olvidó cómo olvidarte

Como si olvidarte
fuese solo dejar de escribirte.

Serendipia

Nos pasamos la vida viendo llegar trenes,

algunos los perdemos,

otros se van.

Pero a veces agradezco al destino,

ya que, de no ser por él,

tú y yo

no nos habríamos encontrado

aquella tarde de verano;

jamás nos habríamos cruzado

en aquellos andenes,

preparados para coger distintos trenes,

pero dejando pasar uno más

porque, quizá,

era allí donde estaba nuestra mejor oportunidad.

* Encontrar por casualidad algo que no se buscaba.

Sin retorno

Te va a doler

el día que decidas salir a buscarme

y no me veas volver,

pero ya te lo avisé

y no quisiste escucharme.

Struggimento

Dolió, sí.

Me dolió como nunca antes nada me había dolido,

me dolió de tal forma que ni siquiera ahora puedo explicarlo.

Fue una sensación de desazón tan desagradable que

me hubiera gustado que me arrancasen el corazón

porque en verdad, yo sí sentía un montón.

Me dolió ver también cómo poco a poco dejaba de ser yo,

tan solo porque ya no éramos nosotros;

cómo a esa niña inocente
a la que conociste en un primer momento

se le había desmoronado el mundo de repente.

Me dolió porque, aunque tú no hubieras muerto,

algo en mí sí lo había hecho.

* Nostalgia, anhelo, dolor por un amor perdido.

Superfluo

Estuvieron de más
las palabras de los demás.
Estuvieron de más todas aquellas veces
en las que nos dijimos tantísimas estupideces
tan solo por creer lo que nos decía la gente.
Estuvo de más dejarlos entrar
porque en verdad éramos tú y yo, nadie más.
Y por todo eso fueron de menos
los besos, los «*te amo*» y los «*me quedo*».

* Aquello que es innecesario, que sobra, que está de más.

Tal vez es culpa mía por esperar algo de ti

Me mata lo que estás haciendo
y sé que no estás haciendo nada,
eso es precisamente lo que más me mata.
Se clava en mí hasta lo más profundo,
hasta desangrarme y morir.
No hay razón para ello, pero lo hace
porque esperaba que al menos hicieras algo,
pero viendo lo visto, no.

Tengo miedo

Me da miedo despertarme y no verte a mi lado.

Me da miedo pensar en el momento
en el que todo esto haya acabado.

Me da miedo querer ir a buscarte y no encontrarte.

Me da miedo perderte.

Por eso, abrázame más fuerte

y prométeme que vas a quedarte

y que no voy a necesitar tratar de olvidarte.

Te propongo intentarlo

Tal vez nunca lleguemos a ser lo que fuimos
porque, al fin y al cabo, ya no somos los mismos,
pero quizá seremos algo aún mejor.
¿Vamos a quedarnos con la duda?

138

Todo al rojo

Te quedarás con la persona que no le tema a arriesgarse por ti,

con la que no le tema a empezar de cero contigo,

a pesar de los años,

a pesar de los daños.

Todo lo que (nunca) dije lo guardo aquí

De tantas cosas que tenía por decirle
no le dije nada.

Todo lo que pudimos

haber sido tú y yo

si no fuésemos tú y yo

No sirve de nada pensar en lo que fuimos

si ya no somos

y, cuando lo hacemos,

es a medias.

Todos (nos) dañamos

Las personas confundidas
terminan dañando a personas increíbles,
y lo sé porque fui ambas.

Una más

Intentémoslo una vez más

para así poder comprobar si esta vez el final es diferente.

Por favor, solo una vez más...

Una vez en la vida

Intenté volver
a aquel lugar el cual algún día sentí que me pertenecía,
a aquel en el que había pasado mis mejores días.
Fue decepcionante ver que nada se sentía como lo hacía antes,
y es que no fue hasta entonces cuando comprendí
que la vida nos da una sola oportunidad para sentir,
que los momentos no se pueden repetir dos veces
y que todo eso nos va a pesar por siempre
si no lo disfrutamos como se merece.

Uno siempre cambia
al amor de su vida
por otro amor o por otra vida

Un día te prometí que siempre estaría para ti
y lo voy a cumplir,
por eso, vas a poder contar conmigo en todo momento
y, aunque ya no estemos juntos, espero que seas feliz,
aunque sea con alguien más;
pero recuérdame con cariño,
el mismo con el que nos quisimos,
que nuestro amor no haya sido en vano
y nuestro tiempo mal invertido.

Verdades a medias

Fueron tantas las veces que traté de convencerte...

Y en verdad, podrías haberme creído cientos de ellas,

pero qué más da ya si

ni tú me vas a volver a escribir

ni yo voy a dejar de hacerlo.

Viraag

Notaba en cada palabra cómo se acababa,

y cuando te miraba,

inevitablemente pensaba cuánto me dolería sacarte de mi vida.

Al final acabó pasando; cada uno tomó su propio camino,

pero, a pesar de que el tiempo no deja de correr,

mi pensamiento aún sigue congelado en aquel momento,

tratando de sostener lo que tarde o temprano
se iba a terminar de romper.

* El dolor que se siente al estar lejos de la persona que quieres.

Viraha

Me costó tantas lágrimas entender

que todo puede acabar en cuestión de un anochecer

y que, cuando mires todo lo que te hubiera gustado hacer,

te des cuenta de que ya tan solo es un recuerdo del ayer.

Por eso, deberíamos aprender a valorar antes de perder,

porque a veces, por mucho que lo intentes,

eso que quieres no va a volver.

* Sensación de descubrir cuánto amas a alguien tras separarte de esa persona.

Volver a vernos

Cuando volvamos a vernos
te explicaré con un par de besos
cuánto te he echado de menos.

Vuelo para dos

Te cruzaste en mi camino,

de casualidad supongo,

y en tan solo un segundo, me olvidé de a dónde iba.

Entonces decidí seguirte,

y quizá juntos no llegaremos a ningún lado,

pero vamos.

Vuelta a empezar

Ojalá la vida nos cruce en otro momento
y sea en ese choque de miradas cuando ambos
seamos conscientes de la falta que nos hacemos,
y entonces, solo entonces,
comprendamos que por mucho que haya pasado el tiempo
todavía perdura el sentimiento
y que el único problema fue que la primera vez
la vida nos unió en el tiempo incorrecto.

Y al fin lo entendí

Me moría de ganas
por pedirte que te quedaras,
pero no podía hacerlo,
eso no era yo quien debía pedirlo,
sino tú quien debía elegirlo.

Ya no es lo mismo

¿Y qué quieres que te diga?

Si no hacía falta nada más que ver la cara de atontada

que se me quedaba

cada vez que te acercabas,

y aunque tratase de disimularlo,

mis gestos lo decían todo.

Ya no sé

Por qué sigo esperando verte de nuevo en mi cuarto,

y por qué sigo observando el móvil, inmóvil,

tan solo comprobando si te estás conectando.

Por qué cada día vuelvo a abrir el chat,

ese en el que pasamos más tiempo
del que en un principio imaginamos,

y por qué siempre empiezo a escribir el mismo maldito mensaje.

Uno que empieza preguntándote: «¿*por qué no volvemos?*»,

uno que sigue explicándote cuánto te echo de menos,

que ya casi me he olvidado de lo que lo jodió todo

y me quedé tan solo con el recuerdo

de la sonrisa que consiguió sacarme de mi propio infierno;

esa que me niego a borrar,
aunque todavía me siga haciendo llorar.

Y por qué siempre que lo termino,
en vez de darle a enviar, le doy a borrar.

Por qué me da miedo que tú me quieras olvidar

y que yo todavía te pretenda esperar.

Yo no era yo

Y al final entendí

que lo mejor que podía haber hecho era irme de allí
y dejar de insistir,

porque me di cuenta de que, a tu lado, yo no podía ser yo.

Contigo quedaban apartados cada uno de mis sueños,

cada una de mis ilusiones, cada una de mis metas.

Y no, la culpa no fue tuya,

fue mía, por permitirlo.

Por eso me pido perdón y me prometo que,

a partir de ti, nunca más volveré a poner a nadie
por encima de mí.

Y si

Y si te digo que aún te quiero,

que no te olvido.

Y si te digo que desearía que fueses de nuevo conmigo,

que rememoremos todo lo vivido.

Y si me dejase de «*y si*»

y saliera a buscarte,

aunque tal vez no vuelva a encontrarte,

o quizá llegue tarde.

Pero y si no lo hago,

y me quedo toda la vida pensando

qué habría pasado si tan solo lo hubiese intentado.

Y yo encantada de su fuego

Él, pura llama,

de respuesta inesperada,

se enciende cada vez que siente mi respiración agitada.

Y aunque dicen que si juegas con fuego, te quemas,

yo encantada de caer en su juego,

y de arder en su fuego;

pues no busco a alguien que me apague,

sino que arda conmigo.

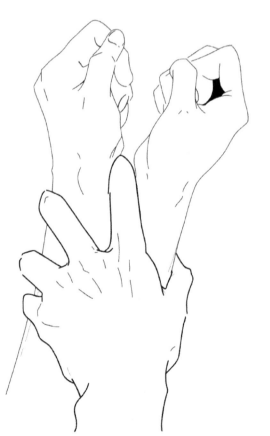

Yù yī

Dile que no lo intente,

que por mucho que te tiente,

lo que un día tú y yo tuvimos sigue presente,

y que, aunque tratas de mantenerme ausente,

yo sigo en tu mente.

* Deseo de sentir las cosas tan intensamente como la primera vez.

Printed in Great Britain
by Amazon

36054460R10089